Ian James Corlett

Ilustrado por R. A. Holt

Ética de Pais para Filhos

Como conversar com as crianças
sobre moral, valores e tudo
o que há de mais importante

Tradução
Luciana Garcia

PRUMO
conhecimento

Título original: *E Is for Ethics*
Texto © 2009 by Ian James Corlett
Ilustrações © 2009 by R. A. Hold

Gerente Editorial
Jiro Takahashi

Editora
Luciana Paixão

Editor assistente
Thiago Mlaker

Assistente editorial
Diego de Kerchove

Revisão
Rebecca Villas-Bôas Cavalcanti
Raquel Siqueira

Criação e produção gráfica
Thiago Sousa

Assistentes de criação
Marcos Gubiotti
Juliana Ida

Ilustração de capa: R. A. Hold

CIP-Brasil. Catalogação na publicação
Sindicato Nacional dos Editores de Livros, RJ

C832e Corlett, Ian James, 1962-
Ética de pais para filhos : como conversar com as crianças sobre moral, valores e tudo o que há de mais importante / Ian James Corlett; ilustrado por R. A. Holt; tradução Luciana Garcia. - São Paulo: Prumo, 2011.

Tradução de: E is for ethics: how to talk to kids about morals, values, and what matters most

ISBN 978-85-7927-124-3

1. Crianças - Conduta. I. Título.

11-1326. CDD: 170.44
CDU: 17.021.1

Direitos de edição para o Brasil: Editora Prumo Ltda.
Rua Júlio Diniz, 56 – 5º andar – São Paulo/SP – CEP: 04547-090
Tel.: (11) 3729-0244 – Fax: (11) 3045-4100
E-mail: contato@editoraprumo.com.br
Site: www.editoraprumo.com.br

Sumário

Agradecimentos

Para a minha esposa há vinte e cinco anos, Sandra. E também para os meus filhos, Philip e Claire. Eles são o princípio, o meio e o fim, não apenas deste livro, mas de todos os meus projetos artísticos. Beijos!

Para a conexão com os pontos do universo. Por causa dessa "conexão de pontos universal", eu me conectei com Lynne Truss, que graciosamente me apresentou a George Lucas (sim, *O* George Lucas – extraordinário agente literário, que outro poderia ser?), que então me uniu a Greer Hendricks (minha entusiasmada editora e *publisher*) e seu filho Ethan (seu editor sócio), que, juntos, fizeram acontecer este grande livrinho. Obrigado a todos.

Para o meu amigo e o mais versátil artista natural que eu conheço, Riley.

Para Walt Disney, por me inspirar a contar histórias e a imaginar.

Para todas as crianças que conheci e que conhecerei, que me fazem sorrir.

Para Philip e Claire,
Com amor, do Papai

Introdução

Escrever um livro sobre ética, ou "ciência da moral", como tem sido chamada, é uma ambição elevada. Certamente o escritor deve ser sério e bem instruído. Sem dúvida deve ser qualificado. Eu certamente sou qualificado: tenho orgulho de ser BVP no assunto. Sei que você deve estar pensando: *Ele quis dizer* Ph.D. Nada disso. Não há nenhum engano. Sou um BVP mesmo.

BVP significa Bom e Velho Pai.

Sim, sou um mero pai. Um pai com experiência direta e nenhum diploma, nenhuma erudição; nada. Bem, até o momento você sabe o que eu *não tenho*. O que eu *tenho* são dois filhos maravilhosos, correndo pela casa e implorando por orientação e direção.

Como pai com experiência direta, em conjunto com a mãe deles, é minha responsabilidade proporcionar isso aos nossos filhos.

Minha esposa e eu concordamos firmemente com os especialistas que afirmam que boa parte da personalidade e das características das crianças é formada em idade muito tenra.

Desde que nossos filhos eram bem pequenos, a família se senta toda semana para um período de conversa que chamamos carinhosamente de "hora da diversão em família". Nós discutimos ideias, parábolas e os assuntos da semana. Durante alguns minutos, toda segunda-feira à noite, essa tem sido a nossa rotina.

À medida que passamos a partilhar esse hábito com outros pais, os olhos deles se iluminavam, e eles diziam coisas como: "Que ideia excelente!"; "Nossa, isso é perfeito!"; "Isso não atrapalha o *futebol da segunda à noite?*".

Então eu decidi escrever este livro.

Historicamente, a ética era comunicada às crianças por figuras que representavam autoridade. Houve um tempo em que ela era ensinada rotineiramente na escola, mas, para a maioria, a ética não faz mais parte de nenhum currículo – nem mesmo em colégios religiosos. Parece que ninguém mais quer tocar no assunto do certo e errado. Eu acredito que os pais deveriam e devem preencher essa lacuna, e acho que a maior parte deles concordaria com isso, independentemente de credo, posição política ou cultura.

Neste livro você encontrará 26 histórias, cada uma demonstrando um diferente aspecto ético ou valorativo. Uma vez por semana, sente-se com seus filhos, leia uma delas e converse sobre o tema. Estabeleça um dia e um horário e dedique-se a ele. Não precisa ser formal, e lembre-se de manter as coisas leves e divertidas. Se seguir direitinho sua agenda, você abordará tudo duas vezes em um ano (eu costumava tirar C+ em Matemática).

Depois de cada história, há um comentário breve e citações de frases de personalidades famosas. Esse resumo foi criado para ajudar os pais a abrir uma discussão sobre o assunto.

Eu realmente acredito que as crianças precisam de instrução, reforço e respeito para terem ética. Acho que este livro é um passo pequeno na direção certa. Espero que você concorde comigo.

Ian

1

Honestidade

Era um dia chuvoso de inverno. Eduardo caminhava até a videolocadora com sua mãe para escolher um filme para assistir à noite. A mamãe estava procurando uma comédia leve para assistir com o papai enquanto a lareira crepitasse, mas Eduardo só queria saber de espaçonaves. Até que encontrou no chão uma nota novinha de dez reais, bem na entrada da loja. A mãe dele não a viu quando entrou na locadora, mas Eduardo a rastreou como uma antena de rádio. Já que não havia ninguém por perto, ele a pegou e a guardou bem fundo no bolso.

Conforme seguia até a seção de filmes espaciais, Eduardo não conseguia acreditar na sorte que tivera. Ele mal conseguia se concentrar na escolha de um filme, porque estava sonhando com as maneiras fantásticas e incríveis como poderia gastar sua recém-achada fortuna. Ficou perambulando de um jeito tão distraído que nem percebeu que não só não havia escolhido um filme como já estava na fila do caixa ao lado de sua mãe, que aguardava para pagar.

De repente, seu sonho foi abalado quando a senhora na frente deles, que estava agitada procurando alguma coisa na bolsa, disse, ofegante:

– Tenho certeza de que eu tinha dez reais. Sei disso porque acabei de receber uma nota novinha de troco na última loja em que estive... Puxa vida! Ela deve ter caído da minha bolsa!

O coração de Eduardo afundou. Ele deveria ser *honesto* e devolver a nota de dez reais à senhora?

Pergunta

Qual seria a coisa mais *honesta* para Eduardo fazer?

Assim como muitas qualidades morais, ser honesto faz você se sentir muito bem por dentro. Às vezes é difícil ser honesto com os outros e até consigo mesmo, mas, quando você é, não há melhor modo de viver. Eduardo se sentiu ótimo quando se deixou levar pela *honestidade* com relação ao dinheiro.

Mais perguntas

- O que mais Eduardo poderia ter feito assim que encontrou a nota de dez reais?
- Como Eduardo teria se sentido mais tarde se tivesse decidido ficar com a nota de dez reais?
- Você poderia contar uma situação de que se lembre em que você ou algum amigo demonstrou honestidade?

> "Honestidade é a melhor política."
> William Shakespeare
>
> "Honestidade: a melhor de todas as artes."
> Mark Twain

2

Compreensão

Luana adorava sua tia Sheila. Ela era a tia divertida. A cada visita, havia sorvete, livrarias, passeios de bicicleta e, às vezes, tudo isso de uma só vez!

A tia Sheila viria no fim de semana buscar Luana para um passeio "só de meninas", no qual a levaria para dormir na sua casa.

– Esse vai ser o fim de semana mais incrível e superlegal da minha vida!

Ela estava tão animada que correu para o quarto e encheu a mala cor-de-rosa com seus vestidos, brinquedos e guloseimas preferidos. Luana tinha feito a mala e já estava pronta vários dias antes do programado. Ela mal conseguia dormir, esperando que o fim de semana chegasse.

A manhã de sábado finalmente chegou. Luana se levantou cedo, agasalhou-se para se proteger do tempo frio e ficou esperando perto da porta. Nos fundos, ouviu sua mãe ao telefone. Quando desligou, ela se aproximou de Luana calmamente. Luana sentiu que havia algo errado. Instintivamente, fez cara feia e seu corpo ficou tenso.

– Lu, não tenho boas notícias. Sua tia Sheila precisa cancelar o programa de vocês para o fim de semana.

Os olhos de Luana se encheram de lágrimas. Ela sentiu como se o tempo tivesse parado e o seu mundo tivesse acabado. A mãe dela explicou que a melhor amiga da tia Sheila havia torcido o tornozelo em uma corrida e precisava ir ao hospital tirar raios X. A tia Sheila precisava levá-la até lá, e esperava que Luana *compreendesse*. Ela também queria que Luana soubesse que prometeu buscá-la no fim de semana seguinte. Isso tudo era muito difícil para Luana, que ficou muito triste.

Pergunta

Como Luana poderia demonstrar que *compreendia* a situação?

Às vezes é difícil entender a ação de outras pessoas. Mas o melhor a fazer é se perguntar: "Como eu me sentiria no lugar dela?". A pobre Luana deve ter achado difícil *compreender* que sua tia se sentiu responsável por ajudar a amiga, especialmente porque isso significava estragar seu fim de semana. Depois que tudo se resolveu, ela se divertiu muito quando as duas finalmente puderam curtir seu passeio "só de meninas"!

Mais perguntas

- Como você acha que a tia Sheila se sentiu com o cancelamento do passeio?
- Você já se sentiu desapontada com alguma situação?
- Alguém já foi compreensivo com você?
- Você já passou por situações em que precisou ter compreensão?

"A compreensão é uma via de mão dupla."
ELEANOR ROOSEVELT

"A satisfação mais nobre é a alegria de compreender."
LEONARDO DA VINCI

"Nenhuma lei ou decreto é mais
poderosa do que a compreensão."
PLATÃO

3

Perdão

Eduardo e Luana brincavam na sala com seus blocos de construção. Luana estava ocupada construindo um elaborado hotelzinho para cachorros de brinquedo, com boxes de banho, beliches e uma grande placa que traria clientes de quilômetros de distância. (Bem, talvez da distância até a cozinha...) Enquanto isso, Eduardo criava a nave estelar de combate mais fantástica que toda a galáxia já tinha visto. Ele a fez decolar e voar pela sala com muito gosto, e repleta de efeitos sonoros. Conforme se inclinava e mergulhava, ia se aproximando cada vez mais da grande placa de Luana, até que... *clac*! – colidiu com ela.

Eduardo congelou. A placa balançou para a esquerda. Ele olhou para Luana. A placa balançou para a direita. Luana ficou só olhando, com choque e horror. Eduardo esperou pelo pior. Finalmente, a torre se inclinou demais e ruiu em centenas de pedaços, espalhando-se pelo chão da sala.

– Mil desculpas, Lu – Eduardo disse.

Luana parecia brava e gritou:

– Você fez de propósito! Estragou o meu hotelzinho de cachorros!

A raiva dela logo virou tristeza, enquanto seus olhos se encheram de lágrimas.

Eduardo percebeu o quanto ela estava chateada e se aproximou para pôr o braço ao redor dos seus ombros.

– Foi sem querer, Lu. Eu estava me divertindo tanto que nem percebi...

Luana fungou, evitando uma lágrima. Eduardo continuou:

– Eu não queria destruir a sua torre, mas posso ajudá-la a reconstruir tudo. Você me perdoa?

Luana percebeu que Eduardo estava sendo sincero no pedido de desculpas, mas ainda estava muito aborrecida.

Pergunta

Como Luana poderia demonstrar *perdão*?

O *perdão* é um desafio para a maioria de nós. Talvez já tenhamos ouvido a expressão "perdoar e esquecer", que significa mesmo deixar para lá. Seria irracional esperar que a nossa memória simplesmente apagasse alguma coisa ruim que alguém tivesse feito para nós. Porém, se conseguirmos perdoar do fundo do coração, isso não voltará para a nossa mente.

Mais perguntas

- O que teria acontecido se Luana não tivesse perdoado Eduardo?
- É mais fácil perdoar um amigo do que um irmão ou uma irmã? Ou perdoar uma criança do que um adulto?
- Existe alguma coisa da qual você ainda guarde rancor?
- Quando foi a última vez que você perdoou alguém?

> "O fraco nunca consegue perdoar.
> O perdão é um atributo do forte."
> MAHATMA GANDHI
>
> "Sempre perdoe os seus inimigos. Nenhuma
> outra coisa vai irritá-los mais do que isso."
> OSCAR WILDE

4

Coragem

Laura era nova na escola. Por estar em um ambiente novo, ela ficou isolada. É sempre difícil fazer amigos em uma escola nova, e é ainda mais difícil quando alguém parece tão pouco amigável como Laura. Sim, a pobre Laura era uma daquelas pessoas que parecem ter tomado limonada azeda no café da manhã. Para piorar as coisas, ela tinha uma sobrancelha unida, escura e grossa, o que fazia parecer que ela até gostasse de assustar as pessoas!

Como consequência, todo mundo na escola a evitava completamente. Na verdade, ela dava tanto medo que, antes do final do primeiro dia, algumas crianças já estavam contando histórias assustadoras sobre ela. Clarissa disse que ela vinha de uma família de lutadores profissionais e que, quando alguém tentasse cumprimentá-la com um aperto de mão, ela o giraria no alto e o atiraria longe. Bianca disse ter ouvido que Laura era tão má que, se alguém apenas dissesse oi, ela responderia lançando chamas dos olhos para queimar a pessoa. Histórias inventadas, é claro, mas, por mais falsas que fossem, ninguém na escola aceitava Laura.

Eduardo também ouviu as histórias, mas concluiu que só podiam ser inventadas. É claro: quem teria *pai e mãe* lutadores? Eduardo se lembrou de uma história que seu pai havia lhe contado certa vez, a respeito de uma senhora chamada Felipa. Ele disse que, por fora, Felipa parecia ser a pessoa mais rabugenta de todas, mas que, por dentro, era doce e gentil. Ele se lembrou de outra coisa que seu pai lhe contara:

– Sempre demonstre coragem, Dudu – ele havia dito –, e nunca tenha medo de assumir algo difícil.

Eduardo percebeu que tudo isso lembrava muito a situação de Laura. Deu outra olhada em Laura e em sua "monocelha", respirou fundo e então...

Pergunta

O que você acha que Eduardo fez e que mostra *coragem*?

Às vezes as coisas não são como parecem. Às vezes parecem até mesmo assustadoras. Mesmo assim é preciso coragem para enfrentar alguma coisa ou alguém, e geralmente o esforço vale a pena. Eduardo descobriu que Laura era uma pessoa realmente legal, amigável e divertida, que acabou se tornando uma boa amiga. Logo, por causa da coragem de Eduardo, todos na escola aprenderam que a menina que parecia assustadora não poderia ser mais legal!

Mais perguntas

- Você já teve que demonstrar coragem?
- Você já conheceu alguém que achasse assustador?
- Comente alguns atos de coragem que você já viu ou sobre os quais ouviu falar.
- Você conhece alguém que sempre procura demonstrar coragem?

> "Coragem é ir de fracasso em fracasso
> sem perder o entusiasmo."
> WINSTON CHURCHILL
>
> "Coragem é a resistência ao medo, o domínio
> sobre o medo, e não a ausência de medo."
> MARK TWAIN

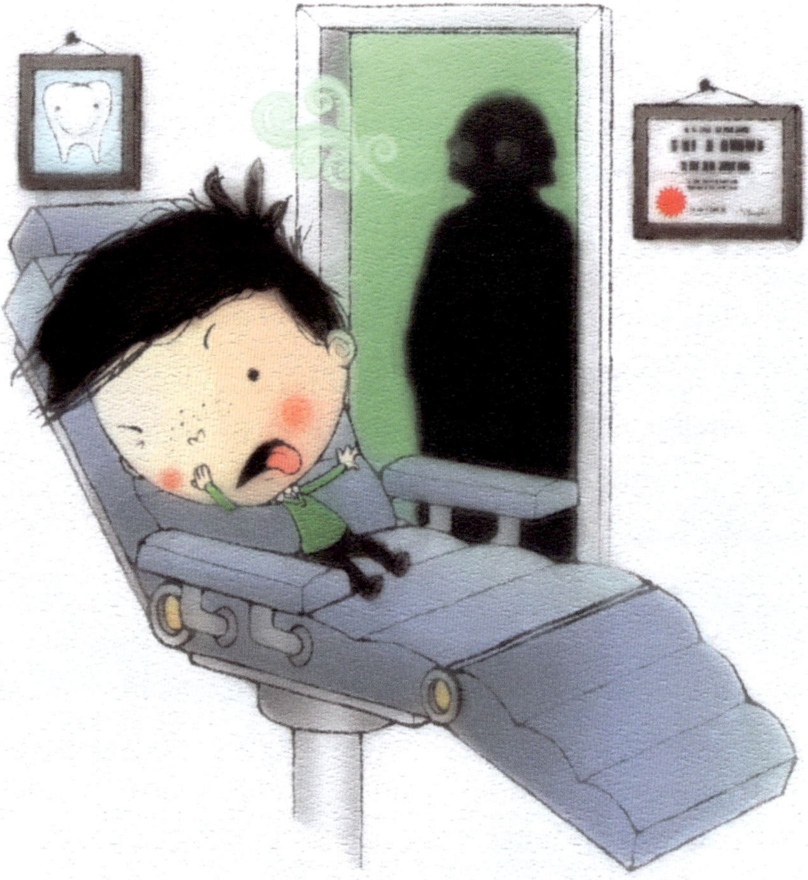

5

Tato

Todo mês de fevereiro o pai de Eduardo o levava ao dentista. Eduardo estava inquieto. Estava preocupado. E estava um pouco assustado também. Mas ele não tinha medo do dentista ou de sua broca. Eduardo temia o seu hálito.

Eduardo dizia que o dr. Mowlar tinha o hálito mais malcheiroso da Terra. Era como se ele sempre tivesse comido alho, sardinha e um gato morto no almoço. Eduardo contou isso para o seu pai, que perguntou a Eduardo o que ele pretendia fazer. A solução de Eduardo era não voltar ao dentista. Essa não era uma opção válida, então o Papai criou uma situação em que ele interpretaria Eduardo, e Eduardo interpretaria o dr. Mowlar.

O dr. Mowlar (Eduardo) inclinou-se sobre Eduardo (Papai) e exalou. O Papai se encolheu.

Eduardo perguntou:

– Qual é o problema, mocinho? Está com medo do dentista?

O Papai respondeu:

– Sim, estou com medo do seu hálito fedorento de porcaria!

Eduardo riu.

Então o Papai tentou outra coisa.

– Hum, sim, eu estou me encolhendo porque estou com muito medo do dentista!

Eduardo sabia que era mentira.

Então o Papai pediu a Eduardo para ser o dentista mais uma vez. Eduardo se inclinou e respirou sobre o Papai de novo, e, quando o Papai se inclinou e Eduardo perguntou qual era o problema, o Papai simplesmente pôs a mão no bolso, puxou uma bala de menta refrescante e a ofereceu a Eduardo (dr. Mowlar). O Papai simplesmente sorriu e não disse nenhuma palavra.

Eduardo não sabia o que dizer, então o Papai interferiu.

– Provavelmente o dr. Mowlar vai dizer: "Ora, obrigado, Eduardo! Todo mundo precisa de um hálito de hortelã de vez em quando!".

Eduardo e o pai dele deram uma bela risada, e Eduardo agora sabia exatamente o que fazer!

Pergunta

Qual das ideias do Papai era a que mostrava *tato*?

Eduardo tinha verdadeira repulsa pelo hálito de seu dentista, mas isso era uma desculpa para parar de ir às consultas? A primeira ideia do Papai era engraçada, mas certamente magoaria o dentista. A segunda era uma grande mentira. A terceira resolveu o problema sem que Eduardo precisasse dizer uma única palavra. Isso é o *tato* em ação.

Mais perguntas

- Pense em uma situação na qual você tenha precisado mostrar tato.
- Como você acha que Eduardo se sentiria se mentisse para o dentista?
- Alguém já tratou você com tato?
- De quantas maneiras diferentes você conseguiria se livrar de um problema de mau hálito?

> "Tato é a arte de provar seu ponto de vista sem fazer um inimigo."
> (Sir Isaac Newton)
>
> "Tato é a habilidade de descrever os outros do modo como eles se veem."
> (Abraham Lincoln)

6

Perseverança

Luana apreciava tocar piano. Ela adorava a sensação de usar seus dedos tão pequeninos para produzir músicas bonitas. E gostava de entreter os convidados com a última canção que tivesse aprendido. Hoje Luana estava aprendendo a tocar "Um dia chuvoso" – uma música difícil, porém apropriada, já que vinha chovendo pesadamente por cerca de um mês. Luana se esforçou quando a mãe dela a ajudou na primeira vez. Ela teve especial dificuldade para alcançar o lá sustenido com o dedo mindinho:

– É impossível!

Cada vez que ela praticava a música, ficava um pouco melhor. A mamãe incentivava para que ela continuasse tentando, mas, não importava quanto ela se aperfeiçoasse, quando chegava ao lá sustenido, já quase no final, não conseguia alcançá-lo.

Luana foi ficando cada vez mais frustrada e anunciou para sua mãe:

– Vou parar!

A mãe de Luana sabia que ela não queria realmente parar. Só estava desanimada. Sabendo o que motivava Luana, ela a lembrou de que a Vovó e o Vovô viriam visitá-las na sexta, e que adorariam ouvi-la tocar "Um dia chuvoso". Nesse instante, ela passou do estágio de querer parar ao da necessidade de se apresentar!

Luana praticou na terça. Ainda não alcançou a nota. A quarta-feira veio, e ela achou que estava ainda mais difícil! Na quinta, ela tentou de novo, e o dedinho ainda não conseguia alcançar a nota. Quando chegou a sexta-feira, Luana sabia que só teria uma chance de praticar antes que os avós aparecessem. Ela deveria tentar? Será que conseguiria? Luana rangeu os dentes quando se aproximou daquele irritante lá sustenido, estendeu os dedos o máximo que conseguiu e... deu certo! Finalmente, todo aquele treino tinha compensado, e bem na hora! A Vovó e o Vovô ouviriam "Um dia chuvoso" completa, com um magnífico lá sustenido!

Pergunta

Como Luana mostrou *perseverança*?

Embora Luana achasse que sua mãozinha não podia alcançar aquela nota, sua *perseverança* valeu a pena. Ela passou a ser uma menina muito mais feliz depois disso, sabendo que havia ficado emperrada no desafio, mas não desistiu.

Mais perguntas

- Como você se sente quando realiza alguma coisa difícil?
- Como você acha que Luana se sentiria se não tivesse perseverado?
- O que você já fez, ou o que alguém que você conhece já fez, que tenha exigido perseverança?

> "A idade enruga o corpo. Desistir enruga a alma."
> DOUGLAS MACARTHUR
>
> "A maior glória de viver não reside em nunca cair, mas em levantar a cada nova queda."
> NELSON MANDELA

7

Cortesia

Era um daqueles dias frios do final do inverno. Um dia para passar dentro de casa, com certeza. Eduardo tinha acabado de concordar em brincar de chá de bonecas com Luana. Geralmente ele não se submeteria a brincar disso, mas Luana tinha passado a manhã inteira sendo a goleira dele no jogo de futebol na sala, de modo que ele lhe devia isso. Enquanto Luana arrumava o conjunto de chá, Eduardo elaborava seu personagem: um velho malvado!

Luana serviu o chá, e Eduardo resmungou:

– Está frio!

Luana ficou horrorizada.

Então ele bebeu o chá avidamente, com um único gole, finalizando com um sonoro *Burrrrp*!

– Eduardo! – Luana gritou, num tom agudo.

Eduardo rosnou:

– Onde estão os biscoitos? Eu sou um velho mal-humorado e quero biscoitos *agora*!

Ainda representando o seu papel, ele olhou Luana por um momento, e então explodiu numa gargalhada. Foi bom isso ter acontecido, porque Luana estava prestes a perder a paciência. Eduardo explicou que estava apenas se divertindo.

– Bom, porque você foi terrivelmente mal-educado – repreendeu-o Luana. Ela acrescentou: – Agora, vamos começar de novo, tudo bem?

Eduardo, que tinha se divertido o suficiente atormentando a irmã, concordou.

– Aqui está o seu chá, senhor Rabugêncio – Luana disse, enquanto servia a bebida delicadamente.

– Ora, muito obrigado, srta. Granafarta – respondeu Eduardo.

– Biscoitos? – ofereceu Luana.

– Eu ficaria muito agradecido por um biscoito, obrigado – respondeu Eduardo, enquanto dava uma pequena mordida, com cuidado para não deixar nenhuma migalha cair.

– É ótimo vê-lo novamente – disse Luana.

– O prazer é todo meu, e agradeço mais uma vez pelo convite – respondeu Eduardo.

Eles pararam por um momento antes de ambos sorrirem e darem risadinhas. Agora *os dois* estavam se divertindo juntos, brincando de representar.

Pergunta

Como Eduardo mostrou (por fim) *cortesia*?

Eduardo estava sendo muito mal-educado quando estava brincando de representar um velho carrancudo, mas provou saber mostrar *cortesia* depois. Ser educado com os outros sempre despertará gentileza neles, sem importar se são bebês ou pessoas mais velhas.

Mais perguntas

- Como você se sente em relação ao comportamento de Eduardo?
- Consegue se recordar de quando alguém foi mal-educado com você? Como você se sentiu?
- De que maneiras você pode mostrar cortesia todos os dias?

> "A cortesia faz com que alguém mostre externamente como deveria ser em seu íntimo."
>
> JEAN DE LA BRUYÈRE
>
> "A cortesia é a arte de escolher um entre os vários pensamentos reais de alguém."
>
> ABEL STEVENS

8

Lealdade

Era a hora do recreio na escola, e Eduardo e seus colegas se aproximaram com o plano de brincar de Capturar a Bandeira. Outro menino, Leandro, brincaria no outro time. Ele era muito competitivo e sorrateiro. Leandro era o tipo de menino que faria qualquer coisa para ganhar.

Eduardo nunca conseguiu confiar em Leandro. Uma vez, ele fez com que Eduardo lhe emprestasse dez reais porque disse que precisava comprar um cartão de melhoras para sua mãe. É claro que Eduardo lhe emprestou o dinheiro, mas Leandro nunca lhe pagou de volta. A justificativa de Leandro foi: "Eu sempre achei que você entenderia que o cartão de melhoras era seu também. Coloquei seu nome junto com o meu". Eduardo nunca tinha concordado com essa ideia, mas decidiu desde então que nunca mais pediria a Leandro para pagar-lhe de volta. Deixaria isso para trás. Era passado.

Mas agora Leandro estava observando de perto quando Eduardo e seus amigos se amontoavam, planejando sua estratégia para o jogo. Leandro via que eles estavam desenvolvendo algo muito secreto e mal controlava sua curiosidade (outro de seus problemas). Ele ficava andando por perto, inclinando a orelha para tentar escutar a conversa, tanto que quase caiu!

Assim que o time de Eduardo se espalhou, Leandro foi direto até Eduardo tentar descobrir a estratégia deles.

– Então, vocês vão tentar um ataque pelos fundos? Ou fingir que vão pela esquerda? Ou fazer um drible com giro?

Eduardo ficou olhando para ele, sem expressão. Leandro estreitou os olhos, pensativo. Então, após uma pausa dramática, Leandro sacou sua arma secreta.

– Lembra-se daqueles dez reais que você me emprestou? Se me contar a estratégia do seu time, te dou dez reais mais esta barra de chocolate.

Eduardo adorava chocolate, e sempre teria como gastar dez reais. Então, pensou muito antes de responder...

Pergunta

Como Eduardo pode responder e demonstrar *lealdade*?

Pode ser muito difícil lidar com pessoas sorrateiras como Leandro. Eduardo fez a coisa certa esquecendo os dez reais que Leandro lhe devia e tomando a decisão de não ter muito contato com ele. Mas, quando Leandro lhe ofereceu o chocolate e os dez reais, foi fácil para Eduardo se lembrar dos problemas passados deles. Eduardo podia ter ficado bravo, mas educadamente se recusou a aceitar qualquer coisa e demonstrou *lealdade* aos seus amigos verdadeiros.

Mais perguntas

- A sua lealdade já foi testada alguma vez?
- A quem e a quê você é leal?
- Você conhece alguém que seja leal?
- Às vezes dizemos que os cachorros são leais. O que podemos aprender com eles?

"A falta de lealdade é uma das maiores causas do fracasso em qualquer posição social e profissional."
NAPOLEON HILL

"A lealdade é um aspecto no caráter de um menino que inspira esperança infinita."
SIR ROBERT BADEN-POWELL

9

Gratidão

Luana estava de baixo astral. Tinha passado a manhã inteira procurando seu livro favorito, *Lily Coração-leve*. Ela olhou por toda a casa: nos cantos mais escuros do porão, atrás de cada parte da mobília e até no quarto do irmão dela! Quando se sentou triste na cama, sua mãe entrou para ver se ela o havia encontrado. Luana ficou olhando para seus pés e disse, dramática:

– Este é o pior dia da minha vida. Eu não tenho *nada* para ler!

A Mamãe respirou fundo.

– Ora, Lu, isso não é verdade.

Luana percebeu que sua mãe provavelmente estava certa enquanto a observava se aproximar da estante e pegar o *Desastre do treinamento de incêndio*, *O cordeiro que gostava de manteiga* e *O conto do banheiro fedido de Tati*. A cada título, o humor de Luana melhorava. A Mamãe a lembrou de que muitas crianças não têm nenhum livro, e que, para piorar, muitas nem mesmo sabem ler.

Luana percebeu que tinha sido dramática demais. A Mamãe também a lembrou de outras coisas às quais ela deveria ser grata. Falou da cama quentinha em que Luana dormia toda noite, da comida que comia todo dia, e de um irmão, uma mãe e um pai que a amavam muito.

– O Eduardo não se comporta como se me amasse! – Luana disse, rindo. – Acho que eu só estava mal-humorada porque não encontrei o meu livro.

Ela abraçou a mãe, e, quando fez isso, a Mamãe esticou o braço e disse:

– Veja o que eu encontrei atrás da sua estante!

Os olhos de Luana se arregalaram surpresos quando ela viu *Lily Coração-leve*, o livro que estava procurando! Ela abraçou a Mamãe de novo e disse:

– Obrigada, Mamãe, por *tudo*!

Pergunta

O que Luana aprendeu sobre *gratidão*?

Luana certamente estava sendo exagerada quando disse que não tinha nada para ler. Às vezes as nossas emoções tomam conta de nós, e dizemos coisas que não queremos e que não são verdadeiras. Embora todos nós fiquemos tristes e desapontados de vez em quando, devemos sempre nos lembrar de demonstrar *gratidão* pelas coisas que temos *de verdade*.

Mais perguntas

- Como você pode demonstrar gratidão todos os dias?
- Você se lembra de já ter sido ingrato (mesmo que por um minuto)?
- Por quais coisas na sua vida você tem mais gratidão?
- Você conhece alguém que seja grato e que costume dizer isso?

> "Se a única oração que você disser em toda a sua vida
> for 'obrigado', isso bastará."
> MEISTER ECKHART
>
> "A gratidão é uma fruta de importante cultivo;
> ela não é encontrada entre pessoas grosseiras."
> SAMUEL JOHNSON

10

Verdade

Eduardo era um ávido colecionador de figurinhas de futebol, e esperava ansioso pela primeira quarta-feira de março. Esse era o dia na escola que eles chamavam de Quarta-Feira Animal.

Nesse dia, e somente nessa data, cada figurinha do monte ficava disponível para ser trocada. Então, cada um levava figurinhas que podiam ser descartadas – as repetidas ou que não fossem consideradas importantes. Mas nunca, *nunca* alguém levaria uma figurinha rara, porque, se qualquer um mencionasse uma figurinha que você tivesse, ela *teria que* ser dada. Eduardo sempre conferia se todas as suas figurinhas especiais – principalmente a da seleção – tinham ficado a salvo em casa na Quarta-Feira Animal.

Eduardo negociou no recreio. Negociou no almoço. Ganhou algumas figurinhas e deu algumas outras. Foi um dia ótimo.

Mas, pouco antes de Eduardo disputar com Bruno, o menino que tinha as mesmas figurinhas que ele, decidiu descartar sua reserva. Imediatamente após fazer isso, ele se sentiu mal. O pobre Eduardo percebeu e comentou que sua figurinha especial da seleção ainda estava no monte! Eduardo ficou irritado consigo mesmo por não ter conferido, mas já estava cara a cara com Bruno.

Bruno disse, rindo:

– Tudo bem, vamos começar com a sua especial. Você nunca deveria ter trazido essa hoje.

Eduardo não estava achando graça. O que faria? Daria a ele? Ou mentiria e diria que não tinha essa figurinha ou que não estava falando sério sobre mantê-la no monte? Isso poderia funcionar! Ele respirou profundamente, seguiu seu instinto e falou sem pensar:

– Tudo bem...

Bruno não podia acreditar em seus olhos ou em sua sorte quando Eduardo pegou a figurinha. Por ser um amigo sincero, ele percebeu o abatimento de Eduardo e sabia que devia ter sido um engano. Então disse:

– Ahhh, eu só estava brincando. O que eu quero *mesmo* é a sua figurinha do time de Marrocos.

Eduardo ficou aliviado e a entregou feliz. Marrocos.

Pergunta

Como Eduardo mostrou *verdade*?

Puxa, Eduardo se viu em uma enrascada. Ele realmente achou que já tinha perdido sua figurinha especial, mas, como diz o velho ditado, "Honestidade é a melhor política". É claro que, às vezes, ser honesto ou dizer a verdade não traz um final feliz. Mas é melhor lidar com as consequências da verdade do que com as da mentira.

Mais perguntas

- Alguma vez você já disse a verdade quando teria sido mais fácil mentir?
- Como Eduardo poderia se certificar de que isso não aconteceria de novo?
- Por que ser sempre verdadeiro é um bom hábito para cultivar?

> "Eu aprendi a confiar em mim mesmo, a escutar a verdade, a não ter medo dela e a não tentar escondê-la."
>
> MEISTER ECKHART
>
> "Ninguém acreditará em um mentiroso, mesmo quando ele disser a verdade."
>
> ESOPO

11

Justiça

Todo ano, mais ou menos na época da chegada das férias, a liga de futebol de Luana apoiava o campeonato do final da temporada. Como de costume, o regulamento do torneio incluía árbitros de outras divisões que eram conhecidos por sua imparcialidade. Um desses árbitros era Eduardo. Ele se sentiu honrado e privilegiado por ter sido escolhido. Realmente gostou de trabalhar com os meninos mais novos. Mas, quando chegou a hora de apitar o último jogo do campeonato, ele ficou preocupado.

Por quê? Porque o time da Luana estava na final! Ele teria preferido ficar incentivando Luana do lado de fora do campo, mas agora precisava apitar o jogo de sua própria irmã. O Papai o chamara de lado antes do jogo e o havia lembrado de que um bom árbitro deve ser imparcial e justo. Isso significava que, embora o time de sua irmã estivesse jogando, ele deveria fazer intervenções relacionadas estritamente às regras. Eduardo aceitou o desafio bravamente.

O jogo começou. Felizmente para Eduardo, os dois times estavam jogando muito bem e dentro das regras. Então, quando o primeiro tempo terminou, ele mal havia usado o apito.

No segundo tempo, as coisas ficaram realmente interessantes. O placar estava apertado, e faltavam poucos minutos para a partida terminar. Luana tinha feito um gol, e esse tinha sido o melhor jogo da sua temporada. Ela havia pontuado, feito boas defesas e dado o melhor de si durante toda a partida, mas então... *aconteceu*. Eduardo viu a cena como se estivesse em câmera lenta. Luana estava fazendo a defesa contra outra jogadora, e, quando a outra menina passou a bola para uma colega de seu time, a bola tocou muito sutilmente a mão de Luana. Eduardo colocou o apito nos lábios, enquanto um milhão de pensamentos passou pela sua cabeça em uma fração de segundo. Se ele desse toque de mão, seria lance livre do outro time, provavelmente com um gol e uma vitória. O que Eduardo deveria fazer?

Pergunta

Como Eduardo deveria mostrar *justiça*?

Pobre Eduardo. Ele provavelmente desejou nunca ter sido chamado para arbitrar o jogo de Luana. Mas, para ser *justo*, ele realmente tinha apenas uma escolha, que era cobrar a falta. Apesar de tantos pensamentos diferentes invadirem sua mente na fração de segundo antes de apitar, Eduardo sabia o que tinha que fazer.

Mais perguntas

- Você acha que foi fácil para Eduardo ser justo? O que você acha que passou pela cabeça dele?
- O que significa ser justo?
- Você já esteve em alguma situação que tenha testado o seu senso de justiça?
- Como você se sente quando alguém é injusto com você?

"Estes homens pedem apenas a mesma coisa: justiça, e apenas justiça. Isso, no que estiver ao meu alcance, eles, e os demais, devem ter."
Abraham Lincoln

"O segredo da vida é honestidade e jogo limpo. Se conseguir simular isso, você será bem-sucedido."
Groucho Marx

12

Aceitação

Eduardo e Luana chegaram ao parque para a partida de frisbee e descobriram que ela havia sido cancelada.

– Que droga! – queixou-se Luana.

Eduardo bateu na testa quando lembrou-se de que todo quinto fim de semana do mês o treinador Rubens promovia um jogo diferente com um grupo de crianças deficientes. Ele havia organizado uma partida de bambolês, que era basicamente a de frisbee, só que usando bambolês, porque era muito mais fácil para crianças em cadeiras de rodas.

Eduardo e Luana estavam prontos para voltar para casa quando o treinador Rubens os parou.

– Calma aí, meninos! Vocês não precisam ir embora. Podem ficar e jogar se quiserem.

Eduardo, sempre louco por esportes, já estava prestes a entrar no grupo quando Luana o puxou de lado.

– Este jogo não é para nós, Dudu. Vamos voltar na semana que vem.

– Eu sei que não é para nós, mas parece divertido! – ele respondeu.

Luana ainda estava em dúvida e sussurrou:

– Eu tenho um pouco de medo de machucar alguém.

O treinador Rubens se ajoelhou entre os dois.

– Não é tão rápido quanto o jogo de vocês, mas acho que acrescentar a velocidade de vocês a cada um dos times será divertido. Vocês podem elevar o ritmo do jogo. – Então ele se virou para as outras crianças. – O que vocês acham, galera: gostariam de dois jogadores velozes?

As outras crianças gritaram:

– Sim!

Luana sorriu, mas ainda estava um pouco relutante.

Eduardo lhe garantiu que, se ela aceitasse as limitações das outras crianças e não esperasse que o jogo fosse como o que estavam acostumados a jogar, seria superlegal. Era tudo o que Luana precisava ouvir. Ela entrou na partida de cabeça e se divertiu muito mais do que poderia ter imaginado.

Pergunta

Como Eduardo e Luana mostraram *aceitação*?

Às vezes nos deparamos com situações que não podemos mudar, então precisamos simplesmente aceitar as coisas como são. Eduardo e Luana precisavam aceitar que não podiam praticar o jogo a que estavam acostumados, *e* tiveram que aceitar que as crianças deficientes só podiam jogar de um determinado modo. O resultado final da *aceitação* foi que todo mundo se divertiu.

Mais perguntas

- Por que você acha que Luana ficou desapontada?
- Como as crianças deficientes também demonstraram aceitação?
- Você já teve que mostrar aceitação alguma vez? Como?
- Quando você depara com alguma coisa sobre a qual não tem controle, que atitude deve tentar ter?

> "Doe amor e aceitação incondicional
> para aqueles que encontra, e perceba o que acontece."
> WAYNE DYER
>
> "A felicidade só pode existir com a aceitação."
> GEORGE ORWELL

13

Paciência

Uma coisa de que Eduardo realmente sentia falta na escola durante a chegada das férias era o Dia da Pizza. É estranho, no entanto, porque ele adorava *e* odiava o Dia da Pizza. Ele adorava quando recebia um pedaço quentinho, saído do forno, do seu sabor preferido, abacaxi com presunto – a “havaiana” –, mas odiava quando calhava de receber um sabor vegetariano. Então, quando o sinal da refeição tocou, ele correu para ser o primeiro da fila.

No caminho, o vice-diretor Barreto o parou para dizer como ele tinha sido ótimo na última apresentação da banda (Eduardo estava se tornando um ótimo tocador de trompete). Eduardo ouviu educada e pacientemente até que ele tivesse terminado. Mas, no instante em que Barreto parou de falar, Eduardo olhou com atenção para o refeitório.

– Ah, droga! – ele disse baixinho conforme correu para a fila. Ela parecia já ter mais de um quilômetro.

As crianças estavam todas se empurrando e brigando por um lugar na fila. Eduardo suspirou. Havia pelo menos duas dúzias de crianças na frente dele, e cada uma parecia querer um pedaço da havaiana. Pedaço por pedaço, ele foi observando sua pizza favorita ser devorada. "Ah, por que eu não empurrei todo mundo para ficar na frente?", ele pensava, enquanto outro pedaço da pizza saía às pressas para o prato de algum aluno.

Parecia ter passado horas, mas finalmente chegou a vez dele na fila, e ainda restavam dois pedaços de pizza. De repente, o senhor Barreto apareceu de novo.

– Posso? – ele pediu a Eduardo, que sabia que a regra dizia que os professores não precisavam esperar na fila.

– É claro – disse Eduardo, que não pôde acreditar em seus olhos quando o senhor Barreto pegou os dois últimos pedaços da havaiana!

Eduardo ficou irritado, conformando-se em comer a vegetariana emborrachada. Mas espere! Como num passe de mágica, uma nova forma de pizza havaiana quentinha e recém-saída do forno foi trazida e servida exatamente na vez dele.

Pergunta

Como Eduardo mostrou *paciência*?

Eduardo podia ter ficado muito chateado quando viu a pizza desaparecendo da forma. Ele poderia ter empurrado todo mundo para garantir que receberia o seu sabor preferido. Ele podia ter cortado impacientemente a conversa com o senhor Barreto. Mas não fez nenhuma dessas coisas. Eduardo teve *paciência*. Mesmo que parecesse que ele iria se dar mal, ele acabou conseguindo um pedaço *quentinho* de pizza.

Mais perguntas

- De quantas maneiras Eduardo mostrou paciência?
- Você acha que teria conseguido ser tão paciente quanto Eduardo?
- Como você pode demonstrar paciência em sua vida?

"A paciência e a perseverança têm um efeito mágico
diante do qual as dificuldades desaparecem
e os obstáculos somem."
JOHN QUINCY ADAMS

"O caráter não é nada além
de uma grande aptidão para a paciência."
BENJAMIN FRANKLIN

"A paciência é o melhor remédio
para qualquer problema."
PLAUTO

Alex

14

Sinceridade

Luana adorava o Dia de Compartilhar em sua classe. Um dia, Érica trouxe sua linda gatinha branca, chamada Lua, que gostava de dar em todos uma lambida molhada na bochecha. Em outra ocasião, Guilherme tinha trazido um brinquedo que ganhara da avó na China: um tipo de explosivo para festas que jogava confetes e serpentinas brilhantes. O Dia de Compartilhar era sempre divertido.

Nesse dia, era a vez de Bárbara. Todo mundo estava sentado quietinho, esperando. Bárbara ficou em pé na frente da classe com uma sacola na mão.

– Hoje eu gostaria de mostrar para vocês uma coisa que eu acho muito interessante – ela disse enquanto colocava a mão na sacola e pegava um... *jornal*!

A classe ficou em silêncio enquanto Bárbara estava radiante. Então uma das crianças deu uma risadinha. Uma outra sorriu. E uma terceira ainda disse:

– Um jornal? Que piada!

Algumas outras crianças entraram na onda e riram também. Mas Luana não. Ela viu como Bárbara ficou desapontada quando o professor Renato disse para a classe fazer silêncio.

Bárbara ficou tão chateada que correu para fora da sala. Luana a seguiu quando o professor Renato continuou a falar duramente com as crianças que tinham rido e feito Bárbara se sentir mal.

Bárbara estava segurando as lágrimas quando Luana disse:

– Eu achei o jornal tão legal! Às vezes o meu pai lê o jornal e conta histórias sobre antigamente, quando os jornais eram o jeito que as pessoas tinham de receber notícias todos os dias! – Bárbara ficou escutando, e Luana continuou: – Que outra pessoa teria pensado em trazer um jornal? Você sempre tem ideias ótimas, Bárbara!

Tudo isso era totalmente verdadeiro, mas Bárbara não estava convencida. Ela disse:

– Você só está dizendo isso para fazer com que eu me sinta melhor, Luana.

Luana não sabia o que dizer.

Pergunta

Você consegue imaginar algumas formas de Luana convencer Bárbara de que estava sendo *sincera*?

Luana podia ver que Bárbara estava chateada. Às vezes, quando tiram sarro de uma pessoa, ela acha que *todo mundo* vai tirar também. Embora soubesse que estava sinceramente tentando fazer Bárbara se sentir melhor, Luana tinha que convencê-la primeiro de sua *sinceridade*. Ela pretendia fazer isso.

Mais perguntas

- Você já teve que convencer alguém de sua sinceridade?
- Você consegue se lembrar da última vez em que demonstrou sinceridade?
- Quem é a pessoa mais sincera que você conhece?
- Por que ser sincero é uma boa qualidade?

"A fidelidade e a sinceridade são as coisas mais elevadas."

Confúcio

"A sinceridade, mesmo quando for expressa
por um gago, soará eloquente se for inspirada."

Eiji Yoshikawa

15

Cidadania

Depois de uma maravilhosa visita ao Vovô e à Vovó no fim de semana, Eduardo e Luana pegaram o trem de volta para casa com o Vovô. Em uma das paradas, eles olharam pela janela e viram um terreno abandonado e destruído cheio de lixo. Mas eles viram mais uma coisa. Pessoas com camisetas vermelhas estavam retirando o lixo, cavando buracos e plantando árvores.

– Vejam aqueles cidadãos – disse o Vovô. – Que ótimo exemplo!

– O que são cidadãos? – perguntou Luana. – Parece alguma coisa do exército ou algo assim.

Eduardo acrescentou:

– Eu acho que somos todos nós que vivemos em um país.

O Vovô sorriu e explicou que Eduardo estava certo, mas o que estava falando de cidadania, o que na verdade implica *fazer* alguma coisa.

– Como aqueles camaradas de bom coração usando camisetas vermelhas. Eles estão trabalhando pela comunidade.

– Como voluntários? – perguntou Luana.

– Exatamente! – concordou o Vovô. – Ser um bom cidadão significa cooperar e ajudar!

– Eu vou ser uma boa cidadã quando crescer – declarou Luana.

O Vovô explicou que ela não precisava esperar crescer para isso: podia começar mostrando cidadania agora.

– Como? – Eduardo e Luana perguntaram juntos.

O Vovô sugeriu vários tipos de coisas, como andar na faixa de pedestres, tratar os outros com respeito, ser um bom vizinho e até mesmo cuidar do meio ambiente.

– Como aquelas pessoas no terreno! – disse Eduardo.

Luana estava absorvida pelos pensamentos e de repente comentou:

– Ei, que tal recolher a sujeira depois do festival no parque do outro lado da nossa rua no verão? Isso mostraria cidadania?

O Vovô agarrou os dois e os abraçou forte.

– É isso aí, pequenos! Por isso, eu declaro vocês oficialmente Bons Cidadãos do Mundo!

Pergunta

Como as crianças mostrarão sua *cidadania*?

Eduardo e Luana aprenderam que mostrar cidadania significa se envolver, fazer a coisa certa e ser uma boa pessoa em geral. Agora eles sabem que, fazendo a sua parte para tornar a escola, a comunidade e o mundo melhores, estão mostrando *cidadania*. Seguir as regras da sua família e da sua sociedade também faz parte da cidadania.

Mais perguntas

- O que é cidadania?
- Em quantos modos diferentes de se tornar um bom cidadão você consegue pensar?
- O que você poderá fazer amanhã para mostrar sua cidadania?
- Você conhece alguém que seja um grande exemplo de bom cidadão?

> "As formigas são boas cidadãs:
> elas colocam os interesses do grupo na frente."
> CLARENCE DAY
>
> "Não pode existir democracia diária
> sem cidadania diária."
> RALPH NADER

A
B
C
D
E
F
G

16

Integridade

A sala de Eduardo estava trabalhando na última lição do ano. Era sobre dinossauros, e eles tinham que construir uma réplica e fazer um relatório por escrito. A professora dividiu a classe em duplas para essa atividade, e Eduardo ficou contente de cair com Márcia. Márcia tinha ótimas notas. Eduardo construiria a réplica e Márcia cuidaria do texto. Que divisão perfeita! Os dois ficaram ocupados durante a semana toda.

Eduardo ficou tão envolvido na construção da réplica que não prestou muita atenção ao que Márcia estava fazendo. Um dia antes da entrega do trabalho, ela apareceu com o relatório escrito todo digitado e complementado com ilustrações. Eduardo ficou impressionado.

– Está ótimo, e você usou algumas palavras grandes também! Vamos tirar uma bela nota! – ele disse, entusiasmado.

Márcia respondeu, despreocupada:

– Obrigada, Eduardo. Eu só recortei e colei da internet. Tudo bem para você, né?

Eduardo ficou sem saber o que dizer, então não disse nada de imediato. De repente, o sinal do almoço tocou.

– Vamos conversar depois do almoço – ele disse.

Eduardo ficou pensando naquilo. *Não estava* tudo bem para ele copiar coisas da internet palavra por palavra. É claro que se pode ler e aprender coisas nos livros e *online*, mas, quando se trata de um relatório, é necessário escrever com suas próprias palavras, não é? Afinal de contas, ele tinha feito a maquete do dinossauro. Não podia copiar *isso* da internet! Então ele se lembrou de uma coisa que a mãe dele havia dito uma vez:

– Integridade é fazer a coisa certa mesmo que ninguém esteja olhando.

Provavelmente ninguém descobriria que o relatório de Márcia tinha sido totalmente copiado da internet, mas *ele* sabia. E não estava certo.

Pergunta

Como Eduardo pode mostrar sua *integridade*?

Eduardo começou a pensar quão boa aluna Márcia era na verdade depois de trabalhar com ela e descobrir como ela fazia as coisas. Pode ser difícil enfrentar alguém que tenha feito algo que afeta a sua reputação, mas, se mostrar tato, você pode deixar claro o que sente com sutileza e ainda manter sua *integridade* ou reputação.

Mais perguntas

- Como Eduardo se sentiria se não dissesse nada a Márcia?
- O que você acha que ele disse para Márcia? E para a professora? E para os pais dele?
- O que é integridade? Você consegue pensar em palavras que possam descrevê-la?
- Por que você acha que manter a integridade é importante?

"Não comprometa a si mesmo. Você é tudo o que tem."
JANIS JOPLIN

"Quando eles chegam [à Disneylândia], vêm por causa da integridade que estabelecemos ao longo dos anos. Dirigem por quilômetros. Eu me sinto responsável diante do público."
WALT DISNEY

17

Gentileza

Em certo dia de verão, a Mamãe e Luana estavam indo de carro para a casa da Vovó, quando a Mamãe notou um adesivo de para-choque que dizia: "Pratique atos desprendidos de gentileza".

– O que é que isso quer dizer? – Luana perguntou.

– Quer dizer que se deve pensar em fazer alguma coisa gentil, ou boa, a cada dia – a Mamãe respondeu.

Ela continuou a contar para Luana sobre um *site* da internet que vira uma vez e que estimulava exatamente isso.

– Ele dá um monte de ideias para fazer coisas gentis aos outros. Como comprar uma pizza para uma pessoa desconhecida, plantar uma árvore ou talvez simplesmente enviar flores para alguém – ela disse.

"Que ótima ideia", Luana pensou.

Quando chegaram à casa da Vovó, ela estava esperando nos degraus, como sempre. Houve abraços por todo lado enquanto a Vovó ia rapidamente empurrando a Mamãe para dentro da casa para comer os seus famosos sanduíches de ovos e carne picada temperados.

– Vou entrar em um minuto – gritou Luana.

Luana correu até o caminho de flores na frente da casa. A Vovó adorava seu jardim, e o mantinha repleto das mais lindas e coloridas flores. Luana foi direto para a fileira perfeitamente alinhada de altos gladíolos cor de laranja. Pegou um par de podadores que estavam ali à mão e, cuidadosamente, cortou dez delas, juntou-as em um ramalhete e caminhou para a casa.

– Surpresa! – gritou Luana. – É um ato desprendido de gentileza!

A Mamãe olhou para a Vovó com uma expressão confusa.

– Elas são do jardim da Vovó?

Luana concordou com um grande *sim*.

A Mamãe olhou para a Vovó, pensando no pior.

– Lu, não acho que seja essa a ideia...

De repente, a Vovó quebrou a tensão e respondeu:

– Eu adorei! Você é tão atenciosa, Luana!

A Mamãe ficou aliviada e a Vovó deu um grande abraço em Luana.

Pergunta

Como Luana mostrou *gentileza*?

Mostrar *gentileza* a pessoas é uma das coisas mais simples que podemos fazer. Todo mundo pode encontrar uma oportunidade de fazer algo bom por outra pessoa a cada dia, tornando o mundo um pouco melhor.

Mais perguntas

- Luana mostrou gentileza, mas que escolha ela fez que poderia ter lhe causado problemas?
- Em quantos modos diferentes de mostrar gentileza na escola você consegue pensar? E na sua família? E para os outros?
- Você consegue se lembrar da última vez em que alguém foi gentil com você?
- Por que é bom ser gentil?

> "Nenhum ato de gentileza,
> por menor que seja, é desperdiçado."
> ESOPO
>
> "Com muita frequência nós subestimamos
> o poder de um toque, de um sorriso, de uma palavra gentil,
> de uma escuta atenta, de um cumprimento honesto
> ou do menor ato caridoso, todos os quais têm potencial
> para mudar a vida ao redor."
> LEO BUSCAGLIA

18

Responsabilidade

Eduardo adorava esportes. E era muito bom na maioria deles. Os seus esportes preferidos eram futebol, vôlei e basquete. Mas, nessas férias, ele decidiu que queria experimentar beisebol. Seu amigo Caio fazia parte de um time e estava sempre entusiasmado por causa disso. Eduardo falou sobre o assunto com os pais. Depois de olharem a agenda da família, concordaram. Eduardo podia entrar no time de beisebol de Caio neste ano.

As coisas começaram bem. Ele ficou ótimo no uniforme. A luva era bem legal. Ele até gostou dos outros meninos do time. Eduardo certamente ia gostar de jogar beisebol. Isso até começar de fato a jogar. Ah, ele conseguia bater bem o suficiente, e não agarrava mal, mas, na metade da temporada, ficou claro: beisebol era chato. O lançamento para bater demorava tanto que Eduardo pensava em trazer um livro, mas pensou melhor nisso. Não pegaria bem se a cabeça do décimo batedor ficasse enterrada no livro do Capitão Cueca.

Ele quis parar. Então, fez o que achava certo e imediatamente se sentou para conversar com o pai. O Papai ouviu em silêncio e concordou que beisebol não era o jogo mais veloz do mundo. Eduardo tinha certeza de que seu pai o deixaria parar antes do final da temporada. Mas então o Papai começou a lembrar a Eduardo sobre ser responsável. Eduardo já sabia se vestir sozinho, arrumar o quarto e se lembrar de fazer as lições de casa.

O Papai perguntou:

– E a sua responsabilidade diante do time?

Eduardo não tinha pensado nisso antes.

Pergunta

Como Eduardo poderia agir com *responsabilidade*?

É bom experimentar coisas novas, e Eduardo tinha sorte por seus pais permitirem que ele tentasse muitas atividades diferentes. Eles também eram bons pais por não deixá-lo mudar de ideia tão facilmente. Mesmo que não quisesse mais jogar beisebol no ano seguinte, Eduardo aprendeu que precisava demonstrar *responsabilidade* e terminar o que tinha começado.

Mais perguntas

- O que há de positivo em ter responsabilidade?
- Como o fato de ser responsável torna você um amigo melhor?
- Descreva algumas maneiras pelas quais você pode ser responsável.

> "A responsabilidade é o preço da dignidade."
> WINSTON CHURCHILL
>
> "Considere fazer a cada dia algo que você não queira fazer. Essa é a regra de ouro para adquirir o hábito de cumprir suas obrigações sem dor."
> MARK TWAIN

19

Esforço

Eduardo e Luana ficaram orgulhosos pelo fato de seu avô tê-los chamado de bons cidadãos quando se entusiasmaram para limpar o parque do outro lado da rua. Depois que o festival no parque terminou, eles ficaram animados para começar o trabalho. Foi quando o Papai interferiu e estragou o dia deles, bem no momento em que estavam de saída. Ele olhou para fora da janela e percebeu que o festival tinha deixado uma imensa quantidade de lixo.

– Receio que esse trabalho seja grande demais para vocês – ele disse. – Vocês vão precisar de pelo menos mais duas crianças. E também acho que devem avisar a administração do parque.

A pobre Luana não podia acreditar no que estava ouvindo. Ali estavam eles, tentando fazer algo bom, e o Papai estava tornando tudo difícil.

Eduardo tentou acalmá-la:

– Eu não acho que ele esteja tentando dificultar as coisas, mas, se é isso o que o Papai está dizendo, é melhor a gente fazer assim.

– Eu nem sei mais se quero ser uma cidadã agora – murmurou Luana. Mas ela falou por falar. Foi telefonar para encontrar alguma ajuda enquanto Eduardo se dirigiu à administração do parque.

Depois do que pareceram horas, Luana chegou à administração para se encontrar com Eduardo.

– Tive que ligar para 18 amigos até encontrar Emília e Lílian, que estão dispostas a ajudar. Mas o esforço valeu a pena, porque estamos prontas!

Emília e Lílian sorriram e ergueram os sacos de lixo.

– Calma aí – murmurou Eduardo. – Eu cansei de procurar, mas não achei ninguém que trabalhasse aqui no parque.

– Bem, eu me esforcei muito para encontrar duas amigas para ajudar, então acho que vamos precisar de um pouco mais de *esforço* para conseguir a permissão – Luana disse.

Com isso, eles se separaram para encontrar o administrador do parque, que já estava recolhendo o lixo. Ele ficou feliz em saber que as crianças queriam ajudar e agradeceu a elas.

Pergunta

Como as crianças mostraram *esforço*?

Eduardo e Luana não estavam preparados para o balde de água fria do Papai. Mas ele estava certo. O trabalho era muito maior do que eles esperavam. Eles precisavam de mais ajuda e de permissão. Os dois precisaram de perseverança para cumprir a tarefa. Com muito *esforço*, eles fizeram um pedacinho do mundo melhor.

Mais perguntas

- Como pode o esforço exigir tanto esforço?
- Como você já demonstrou esforço?
- Dê exemplos de como a sua mãe ou o seu pai mostram esforço.
- Pense em um trabalho que exija o maior esforço que você pode imaginar. Qual é esse trabalho?

> "Toda a adversidade que tive em minha vida,
> todos os meus problemas e obstáculos, me fortaleceram."
> WALT DISNEY
>
> "Acredito muito na sorte e descobri que,
> quanto mais duro eu trabalho, mais sorte tenho."
> THOMAS JEFFERSON

20

Empatia

Era um sábado ensolarado, e a família toda tinha ido caminhar no parque da cidade. Eles gostavam de andar no parque porque a Mamãe e o Papai sempre contavam histórias de seus passeios ali quando eram jovens.

Nesse dia, assim que o Papai começou a contar uma história maluca sobre andar no parque em uma minimoto, o celular dele tocou. Era a tia da Mamãe, ligando da Europa. A expressão dele ficou muito séria quando deu o telefone para a Mamãe. Eduardo e Luana imploraram a ele para continuar contando a história, mas, depois de um único olhar, perceberam que não era hora para isso.

O rosto da Mamãe ficou cinza enquanto ela ouvia e dizia: "Hum... hum... sei... quando?". Assim que desligou, ela se virou para o Papai e disse:

– O meu tio William. Ele morreu esta manhã.

A Mamãe e o Papai se abraçaram. Mas Eduardo e Luana não sabiam o que fazer. Era óbvio que a Mamãe estava triste, mas eles não tinham conhecido o tio William. A Mamãe deu alguns passos para assoar o nariz e enxugar algumas lágrimas.

Luana puxou a manga do Papai discretamente:

– Estou vendo que a Mamãe está triste por causa do tio dela, mas *eu* não estou triste. E isso me faz sentir um pouco... esquisita.

O Papai também enxugou uma pequena lágrima enquanto puxou Eduardo e Luana mais para perto:

– Sei que vocês não o conheciam. Caramba, eu mesmo só o vi uma vez. – Parecia estranho para Eduardo ver o Papai lutando para conter uma lágrima. – Empatia, crianças. Empatia. É quando conseguimos imaginar os sentimentos que outra pessoa está vivenciando.

Luana coçou a cabeça por um segundo, e então Eduardo se intrometeu:

– Ah, como aquele dia quando eu fiquei preocupado porque a Lu ficou preocupada com a boneca que ela tinha perdido?

– Exatamente! – disse o Papai. – Agora, corram até ali e vejam se conseguem demonstrar alguma empatia para a Mamãe, está bem?

– Está bem! – Eduardo e Luana concordaram, ansiosos.

Pergunta

Como as crianças poderiam mostrar *empatia*?

É sempre difícil ver os nossos pais chorando. Nós geralmente ficamos tristes mesmo quando não sabemos o que os deixou angustiados. No caso de Eduardo e Luana, eles logo aprenderam que era o tio da mãe deles que tinha falecido. Mostrar *empatia* não significa *ter que* chorar quando alguém está triste, mas um abraço caloroso pode mostrar que você entende como a pessoa está se sentindo.

Mais perguntas

- Como a Mamãe teria se sentido se as crianças não mostrassem empatia?
- Você consegue pensar em um exemplo de quando precisou demonstrar empatia?
- Que sentimentos podem ser relacionados à empatia?
- Alguém já mostrou empatia em relação a você?

"O grande dom dos seres humanos
é que nós temos o poder da empatia."
MERYL STREEP

"Nós nos importamos com a maneira como as coisas terminam
porque o personagem se importa; nosso interesse vem da empatia."
JOHN GARDNER

21

Caridade

No primeiro dia de aula, Luana voltou para casa dizendo:

– Mãe! Mãe! Nós precisamos de um pote de doações!

– Ora, não necessariamente... – disse a Mamãe, baixinho.

Luana continuou:

– A família do André tem um pote de doações, e parece legal!

A Mamãe ficou sem palavras.

– É um pote no qual se coloca dinheiro, e todos na família podem fazer isso! No final do mês, todos na família dão um palpite sobre quanto dinheiro tem no pote, e quem chegar mais perto do resultado escolhe para quem será doado.

Mamãe sorriu e perguntou a Luana se ela sabia o que era caridade.

– É como um presente? – Luana perguntou.

– Mais ou menos – respondeu a Mamãe. – Mas para quem?

Luana concluiu que o dinheiro iria para algum dos membros da família.

– Caridade pode ser muitas coisas, Lu – a Mamãe disse, com delicadeza. Ela explicou que quando Luana e seu pai pintaram o quarto dos avós, *isso* era caridade também. E quando eles foram voluntários no abrigo para animais. E quando Luana correu na minimaratona em prol da pesquisa da cura do câncer, garantindo que as pessoas se comprometessem a ajudar a causa. E até mesmo quando eles colocaram troco extra no pote de vidro da sorveteria. Tudo isso era caridade.

– Acho que a família do André acabou de inventar um jeito divertido de tornar a caridade importante no lar deles – a Mamãe comentou.

– Então caridade não é só dar dinheiro para os outros, mas fazer alguma coisa que ajude os outros? – perguntou Luana.

– Agora você entendeu! – Mamãe concordou.

Luana sorriu.

– Acho que sim. Mas você acha que *nós* podemos ter um pote de doações também?

– É claro que sim! Vou falar com o seu pai à noite, e, no final do mês, você poderá ser a primeira a decidir para onde o dinheiro deve ir. – A Mamãe respondeu.

Luana pulou nos braços da mãe com um sorriso gigante!

– Fechado!

Pergunta

O que Luana aprendeu sobre *caridade*?

O coração de Luana estava certo. Há um velho ditado que diz: "É melhor dar do que receber", e Luana e a família dela começaram a sentir que era verdade assim que passaram a usar o pote de doações. E isso não se relaciona sempre à doação de dinheiro. Mesmo que você não tenha muito, sempre pode dar algo de si aos outros. Dá uma sensação muito boa.

Mais perguntas

- Como você pode incluir a caridade em sua vida?
- Para que Luana achou, por engano, que servia o pote de doações?
- De quantas maneiras diferentes a Mamãe descreveu a caridade?

"A caridade vê a necessidade, não a causa."
PROVÉRBIO ALEMÃO

"A vida de um homem consiste não em ter visões
e em sonhar, mas na caridade ativa
e na disposição para realizá-la."
HENRY WADSWORTH LONGFELLOW

"Se não há nenhuma caridade em seu coração,
você tem o pior tipo de problema cardíaco."
BOB HOPE

22

Ajuda

Era um lindo e gostoso feriado de outono. O tipo de dia que Eduardo e Luana simplesmente adoravam, porque significava que, depois de comer as famosas panquecas da Mamãe, eles podiam se agasalhar e andar de bicicleta na rua, que estava repleta de folhas coloridas. Seria bom! Até que o Papai falou.

Ele declarou que seria um bom dia para Eduardo e Luana limparem as folhas sozinhos pela primeira vez.

– Mas quando vamos andar de bicicleta? – queixaram-se as crianças.

O Papai garantiu-lhes que teriam bastante tempo para isso *depois* que limpassem as folhas.

Então, logo após o café da manhã, eles começaram o serviço. Limparam, e limparam, e limparam um pouco mais. Antes que percebessem, estava na hora da sopa quente que a Mamãe tinha feito para o almoço.

Depois do almoço, eles continuaram limpando, mas Luana reclamou:

– Isso vai levar o dia inteiro!

Eduardo analisou a situação e calculou que poderia terminar toda a limpeza e que ainda sobraria uma hora da luz do dia para eles andarem de bicicleta. Eles ficariam cansados, mas ainda haveria tempo para se divertirem.

Foi nesse momento que Luana notou que sua vizinha, a dona Lurdes, estava saindo para limpar as folhas do quintal dela. Era uma senhora idosa, sempre simpática, que algumas vezes até assava doces para Eduardo e Luana.

– Muitas folhas este ano, hein, crianças? – ela disse com um sorriso, quando começava a limpar o quintal.

As crianças estavam justamente enchendo o último saco de lixo quando ouviram um "Ai!" e viram a pobre dona Lourdes com as mãos nas costas com cara de dor. Correram até ela.

– Ai, é a minha coluna começando a doer outra vez. Vou parar um pouco. Posso terminar a limpeza amanhã – ela disse enquanto se curvava de dor.

Eduardo olhou para Luana e depois para o relógio. Ela sabia o que ele estava pensando e rapidamente concordou:

– Vamos fazer isso!

Eles limparam o quintal dela enquanto a doce senhora Lurdes sorria da janela.

Pergunta

Como as crianças demonstraram *ajuda*?

Eduardo e Luana poderiam facilmente ter terminado a limpeza e continuado com o plano de andar de bicicleta, mas eles sabiam que *ajudar* uma vizinha necessitada seria mais importante do que a diversão.

Mais perguntas

- Como você acha que as crianças se sentiram depois que limparam as folhas para a dona Lurdes?
- De que maneiras você pode ajudar alguém? E em casa? E na escola? E outras pessoas?
- Como você se sente depois de ajudar?

> "No mesmo grau que ajudar, você será feliz."
> KARL REILAND
>
> "Aja como se aquilo que você fizer
> fará diferença. E será assim."
> WILLIAM JAMES

23

Generosidade

Luana amava as suas bonecas, e tinha muito o que amar. Eram tantas que ela mal conseguia contá-las no total. E todas tinham nomes. Havia a Jô, a Jéssica, o Bob, a Ana, a Carol.

Num dia fresco de outono, Eduardo e Luana, com uma das muitas bonecas dela, foram ao parque do outro lado da rua de casa. Eles notaram que seu amigo Rashid estava brincando na balança com uma garota nova. Rashid disse que o nome dela era Aza. Era uma garota bonita, com enormes olhos castanhos e um sorriso que irradiava pelo parque inteiro. Embora elas não falassem a mesma língua, Luana não perdeu tempo em se entrosar com ela brincando de pega-pega, de empurrar a balança e de esconde-esconde.

A mãe de Aza estava por perto e, de vez em quando, advertia a filha para ter cuidado. Luana tinha que adivinhar o que a mãe de Aza estava dizendo porque ela não falava português. Quando Luana pediu a Rashid para perguntar a Aza de que país ela era, ele disse:

– Afeganistão.

– Afegão o quê? – Luana perguntou.

Eduardo, conhecendo um pouco sobre os países do mundo, intrometeu-se e explicou para Luana que esse país ficava longe, muito longe.

Aza confirmou isso por intermédio de Rashid, que explicou:

– Eles meio que escaparam de lá para virem morar aqui com o tio deles. Acabaram de chegar, na semana passada, e viajaram com tanta pressa que ela nem conseguiu trazer os seus brinquedos.

Com isso, o rosto de Aza ficou triste. Tanto Eduardo quanto Luana perceberam isso. Luana olhou para sua boneca e depois novamente para Aza. Eduardo fez o mesmo.

Pergunta

O que Luana poderia fazer para mostrar *generosidade*?

Ser generoso frequentemente implica fazer sacrifícios. Para ser verdadeiramente generoso, algumas vezes precisamos procurar maneiras de ajudar os outros, mesmo que isso signifique doar alguma coisa de que gostamos muito – assim como Luana faria com sua boneca. Não é errado doar se você tiver bastante, mas a verdadeira *generosidade* vem de dentro. Doar com o coração.

Mais perguntas

- Você poderia pensar em outros modos de Luana ter sido generosa com Aza?
- Por que você acha que Aza e a família dela decidiram sair do Afeganistão?
- Conte sobre uma ocasião em que você foi generoso com alguém ou em que alguém foi generoso com você.

> "Precisamos ajudar os jovens a reconhecer sua própria capacidade de fazer o bem e ajudá-los a descobrir as recompensas da generosidade."
>
> Bill Clinton
>
> "Gentileza, sacrifício e generosidade não são posses exclusivas de nenhum povo ou religião."
>
> Mahatma Gandhi

24

Boa vontade

Henrique Pinheiro, um aluno da classe da Luana, nunca tinha vontade de experimentar nada novo. Não importava se fosse comida, um esporte ou mesmo um livro. Se alguma coisa fosse nova para Henrique, ele simplesmente não queria nada com ela. Apesar disso, estranhamente, Henrique não era um garoto chato.

Henrique tinha mania de comer somente sanduíches de manteiga e geleia no lanche. Para deixar isso mais interessante, entretanto, ele sempre procurava um jeito de mordê-los de modo a deixá-los com formatos engraçados. Ele dava pequenas mordidas nas extremidades dos sanduíches até eles se parecerem com alguma coisa. Geralmente ele criava coisas como um coelho ou um sapato, mas uma vez conseguiu deixar um sanduíche com o formato de um vulcão e depois espalhou geleia em cima como lava!

Luana gostava de Henrique, mas costumava se perguntar por que ele tinha tanta má vontade em experimentar coisas novas. A resposta de Henrique era sempre:

– Eu conheço o que eu gosto e gosto do que eu conheço.

Bem, quando Luana havia se convencido de que ele jamais teria boa vontade para experimentar alguma coisa nova, aconteceu algo interessante. Havia começado a nevar. A classe inteira olhava para fora da janela deslumbrada enquanto a neve caía. Em poucos minutos, já parecia haver alguns centímetros de profundidade.

Observando a dificuldade do funcionário da manutenção para tirar com a pá a neve da passagem, a professora ficou preocupada e exclamou:

– Oh, céus, espero que ele consiga liberar a passagem!

De repente, Henrique se levantou e disse:

– Vou ajudá-lo!

Luana ficou surpresa e impressionada. Afinal de contas, esse era o Henrique, o garoto que ela achava que não gostava de experimentar nada novo. Mas ele realmente mostrou boa vontade para ajudar.

Pergunta

O que Luana aprendeu sobre *boa vontade?*

Aparentemente, Henrique parecia não ter boa vontade para fazer nada. Ele simplesmente não estava interessado em experimentar coisas novas. Mas, na verdade, demonstrou muita *boa vontade* quando foi preciso colaborar. Então Luana pôde aprender duas coisas diferentes com essa história: ter boa vontade para ajudar e ter cuidado para não prejulgar as pessoas, conhecendo apenas um lado delas.

Mais perguntas

- O que Henrique não tinha boa vontade para fazer?
- O que Henrique teve boa vontade para fazer?
- Como você pode demonstrar que tem boa vontade? E em casa? E na escola? E em algum outro lugar?

> "Quando um homem tem boa vontade e disposição,
> os deuses se juntam a ele."
> ÉSQUILO
>
> "O mundo está cheio de pessoas com boa vontade.
> Algumas pessoas têm boa vontade para trabalhar;
> as demais, boa vontade para deixá-las trabalhar."
> ROBERT FROST

LOLA

25

Confiança

Todo mundo adorava Lola. Era a cadela mais limpinha, fofa e alegre do mundo. Portanto, quando a família de Eduardo e Luana estava saindo para o fim de semana anual de esqui, não faltaram voluntários na classe de Eduardo que quisessem tomar conta de Lola (com a permissão dos pais, é claro).

Eduardo havia sido bem responsável em cuidar de Lola durante todo o ano anterior, então a Mamãe e o Papai disseram que ele poderia decidir com quem deixar Lola. Eles lhe disseram que tomar essa decisão seria parte de crescer e ter responsabilidades.

Eles lhe deram uma orientação:

– Escolha alguém em quem você confie.

Eduardo teve que pensar seriamente nisso. As três crianças que haviam se oferecido como voluntárias eram todas suas amigas. E Eduardo pensou: "Eu confio em todos eles. Nenhum deles roubaria Lola". Mas depois ele pensou no que significava "confiar". Ele começou a pensar em seus amigos, suas personalidades, seus passatempos e até na escola.

Caio sempre o fazia rir e adorava disputas, mas sempre se esquecia de fazer a lição. Mariana era uma garota doce e esperta que tinha um aquário e um registro de frequência perfeito na escola. O terceiro voluntário, Tiago, era superbrilhante e passava os fins de semana e a maioria dos dias após a aula praticando todos os esportes imagináveis, mas dormia até mais tarde.

Embora todos fossem amigos de Eduardo e todos fossem honestos e confiáveis, um deles parecia mais o tipo de amigo para delegar a tarefa de tomar conta da cadelinha da família. Naquela noite, no jantar, Eduardo contou a todos:

– Já decidi quem tomará conta de Lola neste fim de semana.

Pergunta

Quem você acha que Eduardo escolheu para tomar conta de Lola?

Eduardo sabia que seus amigos eram confiáveis pela simples razão de serem boas pessoas. Mas há muitos tipos de *confiança* que ele tinha que considerar. Uma pessoa deve ganhar confiança por sua reputação. Alguém em quem você confie para guardar alguma coisa, como dinheiro, pode não ser a mesma pessoa com quem você deixaria um animal de estimação, e vice-versa. Quando chegou o momento de escolher alguém confiável para cuidar da querida Lola, Mariana foi facilmente a escolha número um.

Mais perguntas

- Em quem você confiaria para alguma coisa especial?
- Como você poderia mostrar que é confiável?
- De que maneiras as pessoas confiam em você?
- Pense nos modos como você transmite confiança.

> "Quem é descuidado com a verdade
> nas pequenas questões não pode ser confiável
> nas questões importantes."
> ALBERT EINSTEIN
>
> "Ser de confiança é um elogio maior do que ser amado."
> GEORGE MACDONALD

家

26

Respeito

Eduardo estava visitando a casa de seu amigo Engo Tanaka. Engo havia acabado de se mudar do Japão e estava na classe de Eduardo. Eles se tornaram grandes amigos rapidamente. Ambos adoravam espaçonaves e figurinhas.

Quando a mãe de Engo abriu a porta, Eduardo ficou um pouco constrangido. Ela estava usando um robe – no inverno! Eduardo ficou aliviado quando Engo apareceu e, notando a expressão de Eduardo, explicou:

– É um quimono, Eduardo. Nós o usamos no Japão.

– É claro, todo mundo sabe disso! – Eduardo disse.

Eduardo se integrou com essa situação, como fez também quando retirou os sapatos e teve que calçar aquelas pequenas meias com uma abertura no dedo do pé. Quando a mãe de Engo fez uma reverência respeitosa, Eduardo também fez.

Eduardo e Engo brincaram, fizeram batalhas espaciais e trocaram figurinhas até a hora do almoço. Eduardo sentou-se ao lado de Engo, com o pai e a mãe dele sentados em cada ponta da mesa.

O pai de Engo fez uma reverência com a cabeça e depois disse:

– *Itadakimasu.* – Engo e a mãe dele repetiram isso. Engo olhou para Eduardo, que parecia confuso.

Por dentro, Eduardo estava pensando: "Devo? Não devo? E se for alguma coisa que meus pais não aprovariam?".

Felizmente, Engo se posicionou mais para perto dele e disse baixinho:

– Significa mais ou menos "Obrigado por isto, vamos comer!".

Eduardo ficou aliviado e respeitosamente se juntou a eles:

– *Itadakimasu* para mim também!

Engo cutucou Eduardo com uma risadinha. Os pais de Engo trocaram olhares e sorriram. Eles ficaram satisfeitos por seu filho ter um amigo tão agradável como Eduardo.

Pergunta

De quantas maneiras diferentes Eduardo mostrou *respeito* por Engo e a família dele?

Eduardo enfrentou muitas experiências culturais diferentes na casa de seu amigo. Felizmente, ele mostrou *respeito,* adaptando-se ao ambiente e, enquanto estava nele, aprendeu algumas coisas sobre os costumes japoneses.

Mais perguntas

- Por que você acha importante respeitar a cultura de outros povos?
- Alguém já foi desrespeitoso com você?
- Converse sobre outras maneiras de mostrar respeito no dia a dia. Para uma pessoa mais velha? Para alguém com uma religião diferente? Para uma pessoa que fale outra língua?

> "Estar junto, ser unido, é uma grande coisa.
> Mas respeitar o direito de ser diferente talvez seja
> até mais importante."
> ANÔNIMO
>
> "Esse é o teste final de um cavalheiro: seu respeito
> por aqueles que possam lhe ser de nenhuma utilidade."
> WILLIAM LYON PHELPS

Um novo ano

Durante todo o ano, tanto Eduardo quanto Luana aprenderam muito sobre ética. Eles aprenderam algumas palavras novas, algumas palavras grandes e talvez até alguns significados novos para palavras que já conheciam. Algumas lições foram divertidas; outras, nem tanto. Mas todas foram valiosas.

O Papai sempre diz: "A gente nunca para de aprender". A Mamãe geralmente completa isso com uma cotovelada suave e algo como: "Sim, como aprender a recolher suas meias". Mas as crianças sabem o que o pai quer dizer.

O Papai quer dizer que, mesmo que você ache que sabe alguma coisa ou como fazer alguma coisa, sempre há um novo jeito ou uma nova forma de experimentar. E acontece o mesmo quando se aprende sobre ética.

Cada situação é diferente. E é assim que uma família deve lidar com isso.

O Papai, mesmo sendo ele mesmo um pouco esquecido, sabe que é muito fácil esquecer as coisas, então faz questão de relembrar a Eduardo e Luana o que eles aprenderam em cada situação. E nós também podemos fazer isso.

Porque, agora que você terminou o livro, pode simplesmente voltar ao começo – e ler as histórias novamente.

E lembre-se: fazer a coisa certa e se sentir bem é contagioso – contagioso de uma forma boa! Você não desejaria passar um resfriado a alguém, mas, se os outros pegarem o seu vírus de "faça a coisa certa" e ele se espalhar, o mundo será um lugar melhor.

Neste ano e no próximo ano, com Eduardo e Luana, vamos todos tentar fazer do nosso mundo um lugar melhor, a começar por *nós*, porque o que você vê por fora começa por dentro.

Sobre o autor

Ian James Corlett é bem conhecido no mundo dos programas infantis de televisão. Ele criou, escreveu e/ou desenvolveu muitas séries populares para as crianças, como *The adventures of Paddington Bear*, *Rolie Polie Olie* e *Will & Dewitt*, além da série homônima, *Being Ian*. Ian também é um dublador renomado. Ele é a voz original de literalmente centenas de personagens animados tão variados quanto o Baby Taz, de *Baby Looney Tunes*, e o Pai, em *Johny Test*. Pai de dois filhos e marido de uma única esposa por mais de vinte e cinco anos, ele vive entre dois países: Canadá e Estados Unidos.

Sobre o ilustrador

R. A. "Riley" Holt é ilustrador, designer e artista que vive em Vancouver no Canadá. Riley é versado em um amplo leque de estilos e usa diferentes meios em seu extenso espectro de ilustrações. Este é o seu primeiro livro como ilustrador.

Este livro foi composto em fontes Adobe Garamond e Godlike e impresso pela RRDonnelley Editora e Gráfica Ltda. para a Editora Prumo Ltda.